AF336839

Le
Contrat Collectif

et les

Syndicats Professionnels

PAR

Fernand ROME

Substitut du procureur général près la Cour d'appel de Paris

PARIS

A. PEDONE, ÉDITEUR

LIBRAIRE DE LA COUR D'APPEL ET DE L'ORDRE DES AVOCATS

13, RUE SOUFFLOT, 13

1906

Le Contrat collectif

et

les Syndicats professionnels.

Parmi tous les problèmes qui se posent à l'heure actuelle, celui qui se rattache aux rapports du capital et du travail est l'un des plus urgents et tout ensemble un des plus délicats. La nécessité de le résoudre apparaît chaque jour davantage, les économistes s'efforcent de découvrir des solutions pratiques, le Parlement s'y applique énergiquement de son côté, mais la question qui présente, à la fois, un côté politique et un côté économique, s'en trouve plus compliquée et plus difficile à résoudre.

Tout le monde est d'accord aujourd'hui pour reconnaître la nécessité de régler législativement les rapports du capital et du travail. Mais il faut bien dire que, dans la masse, chacun envisage le problème à son point de vue personnel, c'est-à-dire au point de vue de ses intérêts propres. Si, de part et d'autre, on reste cantonné sur le terrain ainsi défini et limité, les chances d'aboutir au compromis indispensable sont nulles; si, au contraire, les deux camps opposés consentent à se faire des réciproques concessions, il est permis d'espérer qu'un accord interviendra pour le plus grand bien de tous. Cet accord sera l'œuvre de la loi, conçue, rédigée et promulguée suivant l'esprit de l'équité.

La besogne est si rude, et le chemin à parcourir est si hérissé de difficultés qu'il serait téméraire d'escompter un apaisement soudain résultant d'un seul effort législatif. Les grands édifices ne se construisent pas en un jour, et la patience est la première vertu de ceux qui doivent les occuper. Il faut, tout d'abord, réunir les matériaux, les assembler, les coordonner et les superposer à leur place, sous la direction de l'architecte. Certes, les matériaux ne manquent pas, ils sont

1

si nombreux même, qu'un peu de confusion règne au milieu
d'eux ; il en est beaucoup de disparates, qui n'ont été appor-
tés que pour rendre l'œuvre plus malaisée. C'est au Parle-
ment-architecte, qu'il appartient de discerner les bons des
mauvais pour faire une chose solide et durable, mais il serait
injuste de l'accuser d'atermoiements, en raison des obstacles
qui se dressent devant lui.

Le développement économique, qui n'a d'autre règle que
la marche des événements, dont personne ne peut être dé-
claré responsable, a créé un antagonisme certain entre le
capital et le travail. Ceux-ci, qui sont deux frères jumeaux,
sont devenus, la plupart du temps deux frères ennemis.
Quand on regarde les choses froidement, on se convainct de la
nécessité de leur rapprochement, car ils ne peuvent guère se
passer l'un de l'autre, tandis que leur union doit être féconde.
Le capital, sans le travail qui le fait fructifier, n'est rien, ou
peu de chose, et il doit disparaître ; d'autre part, le travail,
sans le capital, ne trouvera pas à s'exercer d'une manière
aussi fructueuse ; n'est-ce pas suffisant pour affirmer que
leur accord est commandé par leur intérêt réciproque, et
qu'ils doivent trouver un terrain d'entente équitable pour l'un
et pour l'autre ?

Il s'agit donc de trouver une formule, et il serait possible
de la découvrir sans trop de peine si l'état actuel des choses
n'était compliqué de vieilles rancunes et d'antérieures rivalités qui ne simplifient pas la solution raisonnable.

Ces difficultés, qui ne sont pas très anciennes, sont nées de
l'établissement de la grande industrie, et de ce qu'on peut
appeler *la syndication* des capitaux mobiliers. Les pouvoirs
publics ont toujours vu, dans le passé, cette syndication d'un
œil complaisant, car ils s'appuyaient surtout, au point de vue
politique, sur ceux qui possédaient, et il leur semblait naturel de traiter ceux-ci avec faveur. Ils ne s'apercevaient pas,
sans doute, ou tout au moins ils faisaient semblant de ne pas
s'apercevoir, que l'agglomération des capitaux, dans une
grande affaire industrielle ou commerciale, allait provoquer
une agglomération de travailleurs conscients du rôle qu'ils
joueraient, et que ces deux forces, ainsi mises en présence,
devaient fatalement devenir rivales.

Cette rivalité elle-même, ne s'est pas manifestée immédiate-

ment ; mais elle n'a pas tardé à le faire comme cela était iné-
vitable. Les résultats des grandes entreprises ne pouvaient
pas avoir un autre aboutissement ; ils l'ont eu en effet. A cet
égard, les exemples sont nombreux, mais il en est un qui s'impose, c'est le suivant : on a vu des actions de mines de char-
bons, émises à 500 francs, atteindre, en quelques années, le
taux de 60.000 francs. Il était, certes, légitime que ceux qui
avaient exposé leurs capitaux dans ces exploitations y trou-
vassent un bénéfice. Mais il ne faut pas perdre de vue que les
ouvriers mineurs avaient singulièrement contribué à ce résultat par leur travail, et il est juste de rechercher quel a été leur
profit. On peut dire qu'ils ont vécu, qu'ils ont élevé leurs
enfants, et que c'est tout ! On conviendra aisément que leurs
peines ont égalé les risques courus par les 500 francs de
l'actionnaire, et qu'au bout du compte le traitement n'a pas
été le même. Il est vrai, par contre, que d'autres sociétés ont
perdu leurs capitaux, et que les travailleurs ont été payés
cependant ! Mais la compensation n'est pas faite pour cela,
puisque les uns risquaient de s'enrichir, et que les autres ne
couraient assurément pas le même risque ; enfin, les uns
avaient le loisir de placer autrement leurs capitaux, tandis
que les autres n'étaient pas libres de rester oisifs.

Quoiqu'il en soit, d'ailleurs, le fait certain est celui-ci : les
capitaux ont toujours eu la faculté de se réunir, de se syndi-
quer en vue d'une entreprise d'intérêt collectif, tandis que le
travail n'avait pas la même possibilité. La raison de ce fait
est d'un ordre plus politique qu'économique : c'est que la
syndication des capitaux favorisait les intérêts du pouvoir,
tandis que la syndication du travail conduisait nécessairement
au syndicat des travailleurs. Là, il n'existait que des intérêts
impersonnels, tendant tous au même but, l'augmentation de
la richesse et, par conséquent, de la richesse de l'Etat ; ici,
au contraire, on entrevoyait une série d'intérêts personnels,
représentés par des individus dont la prospérité ne devait,
certes, pas diminuer la richesse collective, mais dont les revendications étaient de nature à jeter le trouble dans l'ordre établi au point de vue politique, social et économique.

Le gouvernement de la République était donc seul, semble-
t-il, capable de reconnaître au travail, les mêmes droits qu'au
capital. Au lieu d'assurer la fortune à quelques privilégiés,

il était dans sa logique d'assurer, autant que possible, le bien-
être du plus grand nombre ; il devait pour cela forger légalement au profit des travailleurs une arme qu'ils avaient déjà
en fait, et reconnaître le droit au syndicat. Ça été l'œuvre de
la loi de 1884.

Cette loi de liberté se place à vingt années de distance seulement d'une autre loi qui était devenue les articles 414 à
416 du code pénal. Celle-ci, sous prétexte de liberté — elle
aussi ! — avait accordé aux ouvriers un droit de coalition,
mais elle en avait habilement rendu l'exercice impossible, ou
tout au moins inutile. Puis vingt années se passent, les événements de 1870 précipitent l'évolution et la forme du nouveau
gouvernement vient à son aide. Il est possible d'ajouter qu'un
des facteurs les plus puissants de cette évolution a été l'application vraie du suffrage universel, c'est-à-dire de la loi du
nombre ; tel est, d'ailleurs, le principe qui se trouve à la base
des gouvernements démocratiques, et qu'une république ne
peut pas répudier sans faire disparaître sa raison d'exister.

L'évolution dont je viens de parler, et l'effort sans cesse
exercé par cette loi du nombre, a abouti à la loi sur les syndicats professionnels qui a été la première consécration d'un
état de fait antérieur, accompli en marge des anciens textes
législatifs sous la poussée de l'ordre social qui se modifie et
qui se transforme comme tout ce qui est vivant.

La loi de 1884 n'était, et ne pouvait être que le premier pas
dans les voies nouvelles ; les limites qu'elle assignait aux syndicats n'étaient, en somme, que de faibles barrières. La loi
n'arrête pas l'évolution ; elle la précède rarement, pendant
les époques révolutionnaires, mais elle la suit toujours puisqu'elle réglemente les mœurs, et que les mœurs évoluent de
leur côté, suivant les règles d'une loi qui leur est propre,
qui n'est écrite nulle part, et dont les manifestations s'imposent
tôt ou tard, législativement ou révolutionnairement, par des
textes ou par des coups de force, à ceux mêmes qui ont la
prétention puérile de s'y opposer.

De récents événements ont appris à ceux qui ne prévoient
pas, ils ont confirmé aux yeux de ceux qui se rendent compte,
que les digues élevées à l'entour des syndicats professionnels
avaient été rompues au lendemain même de la promulgation
de la loi de 1884.

Le mouvement en dehors s'est très nettement dessiné vers 1893 ; une multitude de syndicats se sont formés à cette époque, suivant les prévisions indiquées en 1884 par le ministre de l'intérieur M. Waldeck-Rousseau. Leurs statuts étaient déposés conformément à la loi, et il suffisait de les parcourir, pour se convaincre de l'impossibilité où l'on se trouvait de les retenir dans leurs limites légales. Les syndicats professionnels, c'est-à-dire ceux qui pouvaient régulièrement se former, ne se composaient pas seulement de personnes exerçant la même profession ; ils faisaient figurer parmi leurs membres des personnes absolument étrangères à toute profession même similaire. Je pourrais citer l'un de ces syndicats dans lequel se trouvaient de hauts personnages, et je pourrais également préciser ce fait, que sur des observations qui avaient été faites relativement à l'illégalité de ces adhésions, on en vint, pour tourner la difficulté, à distinguer les membres actifs, tous professionnels, et les membres d'honneur, qui exerçaient les fonctions ou les professions les plus diverses.

Mais, à côté de ces syndicats, d'autres syndicats se formaient qui n'avaient aucun caractère professionnel. On jugea prudent de ne pas résister, et peu après apparurent les syndicats de fonctionnaires et notamment d'instituteurs, sans compter ceux des agents des postes.

De plus en plus l'idée syndicale s'étend ; la loi du 1er juillet 1901 sur la liberté d'association, apparaît déjà comme insuffisante au développement et à la défense des intérêts corporatifs ou collectifs. Tous ceux qui ont un intérêt commun éprouvent le besoin de se rapprocher les uns des autres ; ils comprennent l'utilité de le faire, et ils ont conscience de la force imposante qui doit résulter de leur union. Les ouvriers tendent, de plus en plus, à s'éloigner de la conception du contrat de travail individuel, pour s'efforcer d'établir le contrat collectif : ils se persuadent aisément de l'infériorité du premier à l'égard du second, dans leurs rapports avec les patrons. Ce que l'un ne pourra pas faire, tous ensemble pourront le réaliser et l'on s'explique aisément qu'un mouvement s'opère en ce sens.

Quelles seront les conséquences d'un état de choses qui serait basé sur le contrat collectif ? Elles seraient longues, sans doute, à énumérer et, partant, elles seraient fort complexes à dégager. Il n'est pas moins vrai que la question se pose actuellement, menaçant de faire surgir de nouveaux et de redoutables conflits entre le capital et le travail, entre le patronat et le prolétariat. Mais, sans envisager les conséquences de ce contrat, il est peut-être intéressant de l'étudier au point de vue juridique, et de rechercher les conditions dans lesquelles il pourrait fonctionner.

CONTRAT COLLECTIF

Le contrat collectif que nous envisagerons plus particulièrement, qu'on appelle aussi le contrat de tarif, est celui qui est passé avec un patron par les représentants des ouvriers syndiqués, au nom de tous ces ouvriers, touchant les conditions dans lesquelles le travail sera effectué, ainsi que le quantum des salaires qui en seront la contre-partie.

On peut dire, d'une façon générale, que ce contrat, s'il existe ou s'il peut exister, sera soumis aux règles édictées par le titre III du code civil. Il est, suivant les termes mêmes de l'article 1101 du code civil, « une convention par laquelle « une ou plusieurs personnes s'obligent envers une ou plu- « sieurs autres à donner, à faire, ou à ne pas faire quelque « chose », il est visé par l'article 1142 du code civil d'après lequel « toute obligation de faire ou de ne pas faire se résout « en dommages et intérêts, en cas d'inexécution de la part du « débiteur. »

A l'abri de ces prescriptions fondamentales de notre droit, toute personne raisonnable et convenablement prudente, aura le souci de ne contracter avec une autre, qu'autant que celle-ci offrira de sérieuses garanties de solvabilité. Supposons donc qu'un patron passe avec un syndicat un contrat collectif : de son côté, il offre des sûretés en cas d'inexécution de la convention : des hypothèques pourront être prises sur ses immeubles, sur son usine elle-même ; ses capitaux pourront être saisis-arrêtés entre les mains de ses débiteurs, etc... Mais on peut se demander quelles seront les garanties offertes par le syndicat, si ce dernier n'est pas autorisé par la loi à posséder des sommes suffisantes pour répondre de l'inexécution éventuelle du contrat. Il est vrai que ce droit de posséder leur est consenti par l'article 6 de la loi du 21 mars 1884, mais il est limité à l'immeuble nécessaire à leurs réunions, à leur bibliothèque et à des cours d'instruction professionnelle. Ils pourrent, enfin, constituer entre leurs membres des caisses spéciales de secours mutuels ou de retraites.

Tout ce qu'on peut dire, c'est que la loi de 1884 accorde aux syndicats le principe de la propriété, mais rien au-delà ; et que le législateur a voulu limiter cette possession d'une façon étroite, pour des raisons qui se devinent et sur lesquelles nous aurons l'occasion de revenir.

On peut, dès lors, se demander si le contrat collectif existe dans notre législation et s'il peut être utilement pratiqué actuellement.

Avant la promulgation de la loi de 1884, un pareil contrat était impossible en raison des dispositions de la loi de l'an XI et de l'article 414 du code pénal, ainsi que le décidait un jugement souvent cité du tribunal de Saint-Etienne, rendu le 29 juin 1876 (1).

Au cours de la discussion de la loi de 1884, M. Waldeck-Rousseau, à la séance du Sénat du 28 janvier de la même année, semble avoir fait une allusion, tout au moins indirecte au contrat collectif, en parlant des « mandataires » des ouvriers syndiqués ; il a été plus net, trois ans plus tard, en écrivant qu'on avait montré combien il importait aux ouvriers de pourvoir par le groupement « à la *représentation* de leurs « intérêts généraux dans *toutes les discussions* qui peuvent « les concerner. »

Depuis la promulgation de la loi de 1884, certaines décisions judiciaires ont reconnu l'existence du contrat collectif. Un jugement du tribunal de Cholet du 12 février 1897, rapporté dans la *Revue des sociétés*, année 1897, p. 303, s'exprime ainsi : « Attendu qu'il ressort clairement des travaux prépara« toires, du texte et de l'esprit de la loi du 21 mars 1884, que « le législateur n'a pas entendu confiner les syndicats pro« fessionnels dans le domaine purement abstrait des ques« tions théoriques... Attendu qu'il n'est pas contestable... que « la réglementation du tarif des salaires rentre dans la caté« gorie des questions générales que les syndicats sont auto» risés à traiter. »

____

(1) C.-F., *Office du travail, Associations professionnelles ouvrières*, t. II, p. 352.

Il est vrai que quelques années auparavant, le 28 mars 1893, le conseil des prud'hommes de Marseille avait décidé le contraire en ces termes : « Attendu que cette convention par son « caractère d'indétermination de durée et l'absence de *flexi-* « *bilité aux circonstances* et *aux fluctuations de l'avenir*, se- « rait, surtout dans un moment de crise industrielle ou com- « merciale, aussi nuisible aux intérêts des patrons qu'à ceux « des ouvriers eux-mêmes. Attendu, dès lors, que cette con- « vention constitue une atteinte grave au principe de la liberté « du travail, du commerce et de l'industrie, qu'à ce titre elle « est nulle, aux termes des articles 1131 et 1133 du code civil.»

En statuant ainsi, le conseil des prud'hommes de Marseille décidait que la cause était illicite, en raison de la non-déter-mination de la durée du contrat et de l'absence de flexibilité des termes de la convention ; il envisageait sagement les fluc-tuations de l'avenir et le respect dû à la liberté individuelle du travail, qu'il opposait, dans sa pensée, à l'embrigadement des ouvriers, qui serait de nature à aliéner le droit, pour chacun d'eux, de travailler, ou même de ne pas travailler de par les exigences du contrat collectif.

La cour de cassation dans un arrêt du 1er février 1893, (Dalloz, 1893, 1re partie, page 241), avait elle-même décidé que le syndicat professionnel n'était pas recevable à intenter une action au nom des ouvriers syndiqués, c'est-à-dire que le contrat collectif qui était invoqué comme base de l'action in-tentée, était légalement inexistant.

On a beaucoup disserté sur cet arrêt, et on s'est efforcé de démontrer que la cour de cassation n'avait pas dit tout à fait ce qu'elle a dit. Mais, à quoi bon s'efforcer de mettre la cour de cassation en opposition avec la loi ou avec elle-même ? et n'est-il pas plus simple de reconnaître, tout simplement, qu'en l'état actuel de la législation la jurisprudence ne recon-naît pas le contrat collectif, tout au moins quant aux rapports de la collectivité syndicale avec le patron.

Il est peut-être plus simple de se placer au point de vue qu'envisage cette jurisprudence, de dire : ce que la loi n'a pas encore fait, elle peut le faire, cherchons et découvrons de bonnes raisons de modifier les textes en vigueur, et deman-dons au législateur de sanctionner, comme il a le droit de le faire, une convention qui n'a pas encore d'acte de naissance.

Demandons-nous, enfin, si une telle convention est possible au point de vue juridique et économique.

D'après les règles générales du droit français, toute obligation de faire — et le contrat de travail rentre à coup sûr dans cette catégorie — se résout en dommages-intérêts en cas d'inexécution du contrat. Les dommages-intérêts constituent la sanction de cette inexécution ; il n'y a pas d'autre sanction possible ; mais celle-ci, qui est suffisante, est consacrée par la loi, ainsi qu'il convient d'ailleurs. On ne conçoit pas de droit dépourvu de sanction, non plus que de société sans contrat, non plus que d'ordre social sans l'une et l'autre.

D'autre part, pour que le contrat ait chance d'intervenir, il est indispensable que les parties contractantes offrent des garanties d'exécution, c'est-à-dire des garanties de solvabilité. Ces principes certains nous permettent donc d'affirmer que le contrat collectif ne pourra revêtir un caractère sanctionné par la loi, qu'autant que le syndicat ouvrier, qui le passera avec le patron-employeur, offrira les garanties dont nous parlons ; et de là, à dire que le syndicat devra posséder un patrimoine pour pouvoir contracter, il n'y a qu'un pas qu'il faut franchir sans hésiter, sous peine de rompre l'égalité entre les contractants, et, par conséquent, la possibilité rationnelle des conventions à intervenir.

Supposons, pour l'instant, que cette question soit résolue dans le sens que nous venons d'indiquer, et que le contrat collectif soit passé dans la loi ; nous aurons alors à rechercher quelle doit être la base de ce contrat et nous arriverons, sans peine, à déclarer que le contrat collectif a pour base *l'intérêt commun* des ouvriers syndiqués, qu'il faut bien se garder de confondre avec la simple *communauté d'intérêts*. Pour distinguer le premier de la seconde, nous dirons que l'intérêt, pour être commun, doit être *égal* et *identique*.

Ce double caractère essentiel de l'intérêt commun, apparaîtrait avec évidence si tous les ouvriers représentés se trouvaient dans une situation égale et identique les uns vis-à-vis des autres, et tous, par conséquent, vis-à-vis du patron. Mais, lorsque descendant des hautes conceptions de la théorie, on retombe dans le domaine des applications pratiques, on touche, pour ainsi dire du doigt, les difficultés de tout ordre dont il faut tenir compte, et auxquelles on se heurte immédiatement.

Qu'est-ce donc, en effet, qu'un intérêt égal et identique ? On peut répondre que c'est celui des personnes qui se trouvent dans une égale et identique condition par rapport à eux-mêmes, en face du même but.

Il est cependant un autre élément qu'il n'est pas permis de négliger et qui est tout subjectif. L'intérêt n'est pas seulement d'ordre purement matériel, se définissant, en quelque sorte, d'une façon mathématique ; il se conçoit de diverses façons, et sa portée varie suivant la variété même des individus dont les conceptions ne sont jamais identiques. L'intérêt est une chose complexe, composée d'éléments multiples : le travail, le mode de travail, les conditions du travail, le prix du travail sont autant d'éléments divers. Tel ouvrier attachera plus d'importance au premier, tel autre, au second et ainsi de suite. Chacun apportera dans son appréciation un point de vue particulier, le sien, celui de sa personnalité, de ses ambitions, de ses besoins ou de ses charges ; si bien qu'on peut prétendre que ce qui semble *in globo*, l'intérêt commun, cesse d'être un intérêt commun au regard de chacun des intéressés, pris individuellement.

Faudra-t-il faire taire les aspirations personnelles, pour leur substituer l'aspiration commune du syndicat ? Faudra-t-il aller jusqu'à dire que les minorités n'auront d'autre loi que la volonté des majorités ? Faudra-t-il, en un mot, supprimer l'individualisme au bénéfice de la collectivité ?

Cette conception est permise, nécessaire même, en ce qui concerne les lois d'ordre public et général. Si chacun pouvait faire sa loi, à lui, dans un pays, on aboutirait aussitôt à la suppression de toutes les lois, c'est-à-dire à l'anarchie. Mais, il n'en va pas de même, semble-t-il, lorsqu'il s'agit d'imposer à l'individu, un règlement qui, au nom du plus grand nombre, dispose de cet individu, l'astreint à des obligations contre lesquelles sa liberté individuelle, et le droit de disposer de sa personne elle-même, se révoltent philosophiquement. Le droit de travailler ou de chômer est un droit essentiel, et l'obligation de travailler dans des conditions qui cessent de plaire à l'individu, deviendrait une tyrannie contre laquelle proteste la conscience humaine. En effet, travailler quand on veut chômer, chômer quand on veut travailler, ou travailler dans des conditions qui ne conviennent pas, c'est tout un ; c'est la main-mise sur l'individu, c'est la négation de la liberté individuelle, c'est enfin une sorte d'asservissement contraire à la dignité même de la personne.

Qu'on ne prétende pas, comme certains l'ont fait, qu'il faut, par une sage et prévoyante organisation, obliger l'ouvrier à se placer dans les conditions les meilleures pour lui-même ! Chaque homme est libre de régler, comme il l'entend, les conditions de son bonheur possible, et celui-ci fût-il plus heureux, même, en dehors de ces conditions, ne le sera pas en réalité, si on lui impose un bonheur dont il ne veut pas, parce qu'il ne le comprend pas tel qu'on le lui impose !

D'ailleurs, indépendamment de la conception purement subjective de l'individu au regard de son intérêt, il convient de faire entrer en ligne de compte les conditions matérielles de son existence. Si l'on envisage la situation de deux ouvriers, travaillant dans le même atelier, accomplissant le même travail et touchant les mêmes salaires, on sera tenté, au premier abord, de considérer qu'ils auraient, dans un contrat collectif, un intérêt commun, égal et identique. Mais, l'erreur serait grande alors, et elle sauterait aux yeux, quand on apprendrait que l'un est célibataire, et l'autre père d'une nombreuse famille. L'intérêt pourrait ainsi varier dans la proportion de un à six par exemple, et, d'égalité d'intérêt, d'identité d'intérêt, il ne pourrait plus être question. Supposons que ces deux ouvriers soient également rangés et économes ; l'un pourra prélever sur ses salaires des sommes qu'il mettra de côté pour les mauvais jours, l'autre sera dans l'impossibilité de le faire. Si donc des difficultés surgissent, le premier pourra émettre des prétentions plus rigoureuses, il pourra débattre avec le patron des conditions de travail plus rémunératrices, il aura son lendemain assuré, grâce à ses économies ; le second, pressé par l'obligation de nourrir les siens, se trouvera en état d'infériorité à l'égard du premier ; à tort ou à raison, il comprendra son intérêt autrement que ne le comprendra son camarade d'atelier, et l'identité et l'égalité d'intérêt ne sera plus qu'un mot cher aux théoriciens.

Notre raisonnement n'envisage même pas la possibilité de la concurrence, qui serait hypothétiquement supprimée par la loi. Nous envisageons le cas où le syndicat serait rendu obligatoire pour tous les travailleurs, et nous admettons, pour les besoins de la discussion, que la loi ait accompli cette œuvre discutable.

Nous nous demandons, malgré tout, si une loi pourra aller jusque-là, et si elle pourra jamais créer obligatoirement cet embrigadement des individus dont quelques-uns, — la moitié moins un par exemple, — seraient contraints de s'effacer au mépris de la loi naturelle, de faire abstraction d'eux-mêmes, et d'être réduits à l'état de machines qu'on actionne par une force extérieure, à l'impulsion de laquelle elles ne peuvent pas résister.

Cela ne nous paraît pas possible, et nous préférerions rester fidèles à cette devise : l'homme libre, dans l'Etat libre, et dans le syndicat libre. Le respect de la liberté individuelle nous paraît être un principe social, au-dessus duquel il n'en existe aucun autre, sous le contrôle des lois d'ordre public. C'est l'élément nécessaire du progrès qui évolue à l'ombre de l'initiative individuelle. De même que la concurrence est l'âme du commerce, de même l'initiative individuelle, qui est une concurrence réciproque de tous les instants, est l'âme du progrès ; les difficultés de la vie aiguisent cette initiative dont l'essor va sans cesse grandissant, vers un but toujours plus élevé, multipliant les ingéniosités, permettant aux intelligences de s'imposer, aux efforts de faire éclater le cercle de la routine, et aux libertés de se faire respecter dans l'individu, pour lequel elles doivent d'abord exister.

Si donc, l'intérêt commun égal et identique ne se conçoit pas, en raison de ce qu'il n'existe pas, on est amené, sur ce premier point, à conclure que le contrat collectif, tel qu'il est défini, manque de base. Cela suffirait à affirmer son impossibilité juridique. Nous allons, à présent, en nous plaçant au point de vue de sa sanction, nous demander s'il est possible dans l'ordre économique.

Nous avons démontré plus haut, par une affirmation qui se suffit à elle-même, qu'un contrat de faire ou de ne pas faire ne pouvait naître dans la pratique, qu'à la condition de comporter une sanction dont les éléments soient tangibles au moment de sa formation. Ces éléments, avons-nous ajouté, résultent des garanties réciproquement offertes, c'est-à-dire de la solvabilité des parties contractantes, eu égard à l'inexécution éventuelle de la convention.

La loi, toute puissante en tout état de cause, mais juste seulement quand elle est sage, pourrait certainement créer, sanctionner et protéger le contrat collectif des ouvriers syndiqués, sans permettre à ce dernier de pouvoir offrir les garanties de solvabilité auxquelles nous venons de faire allusion. Le législateur pourrait penser qu'une fois que le contrat collectif serait né à la loi, les patrons se verraient dans l'obligation de contracter quand même, pressés qu'ils seraient par la nécessité de la main-d'œuvre, et au risque de voir les contrats inexécutés contre eux, sans recours possible contre la partie inexécutante.

C'est là un point de vue qui se dégage complètement des principes du droit actuellement admis, et auquel nous refusons de nous placer dans une étude à laquelle il s'agit de conserver son caractère juridique. A d'autres égards, d'ailleurs, ce point de vue peut n'être pas sans danger, parce que la loi doit toujours tenir la balance égale entre les parties, et n'en point favoriser une aux dépens de l'autre. La loi ne doit pas abuser de sa toute-puissance, car cet abus dégénère rapidement en tyrannie ; l'abus, en cette matière, est le plus grave et le plus périlleux, et le législateur aura toujours, dans un pays comme le nôtre, le souci de l'éviter. Autant dire, par conséquent, qu'une loi rompant l'équilibre entre les intérêts légitimes n'est point à redouter, et que si, par impossible, elle intervenait, les jours de son application seraient comptés par avance, tant est fort le principe de l'équité !

Si donc la loi crée le contrat collectif, elle sera dans l'obligation de fournir aux syndicats le droit d'offrir les garanties suffisantes dues à la contre-partie contractante ; elle devra, de la sorte, permettre aux syndicats de posséder des biens, en rapport avec les intérêts qu'ils représenteront dans la formation des contrats.

Quand on sera entré dans cet ordre d'idées, deux hypothèses s'offriront : ou bien le quantum du droit de propriété sera limité, ou bien il ne le sera pas.

A. *Limitation du droit.* — Quel sera, dans cette première hypothèse, le critérium de la loi ?

Il paraît, tout d'abord incontestable, que la limitation ne pourra pas être fixée d'une manière absolue, et qu'il ne sera pas permis de décider que tel syndicat ne pourra posséder que jusqu'à concurrence d'une somme déterminée. On devra tenir compte de l'importance de ce syndicat, et lui permettre de posséder suffisamment, pour représenter la somme de ses intérêts.

Une nouvelle difficulté surgira alors immédiatement, lorsqu'il s'agira de définir et de délimiter cette somme d'intérêts. Le nombre des syndiqués ne sera point un critérium certain ; or, comme il faut, en toutes choses, prendre pour base un signe extérieur, il sera sans doute difficile de trouver autre chose que le nombre des adhérents au syndicat. Ce nombre, du reste, peut varier du simple au centuple dans les deux sens de l'augmentation ou de la diminution, avec une rapidité immédiate, suivant que des unions se formeront, ou que des scissions se produiront.

La puissance morale du syndicat, indépendamment du nombre, serait d'un étiage délicat, pour ne pas dire impossible, la plupart du temps. D'autre part, il serait bien difficile de prendre pour unité de mesure, si j'ose dire, la profession des ouvriers syndiqués. De telle sorte que, dans cet ordre d'idées, ce serait le bon plaisir qui déterminerait la règle ; mais l'arbitraire, s'il tombe sous la critique de tout le monde, échappe à la discussion. Or, en matière de limitation du droit de propriété des syndicats, on tombe dans l'arbitraire immédiatement. Il n'y a que deux solutions logiques, ou bien l'interdiction de posséder, telle qu'elle résulte de la loi de 1884, ou bien la liberté qu'une loi nouvelle pourrait reconnaître.

B. *Liberté de posséder*. — La liberté non limitée de posséder, accordée aux syndicats, serait une solution tout ensemble logique et juridique, et le corollaire du contrat collectif. Mais on peut dire que l'avantage concédé par la loi s'arrêterait là, et qu'il serait singulièrement compensé par les inconvénients inhérents à un pareil état de choses.

Il saute aux yeux que si les syndicats avaient le droit de posséder sans limitation, ils deviendraient rapidement des sociétés financières, ne correspondant plus en rien au but poursuivi par tous ceux qu'intéresse ou que passionne l'organisation des forces ouvrières.

Cette transformation des syndicats en sociétés financières s'opérerait par la force même des choses, et quelques-uns, peut-être, s'arrêteraient volontiers à cette idée, considérant que les syndicats, devenant eux-mêmes des capitalistes, pourraient ainsi devenir des patrons, employant des ouvriers, individuellement membres de ces syndicats-patrons. Ce serait peut-être le moyen de rendre pratique la conception suivant laquelle l'usine doit appartenir aux ouvriers. Il est vrai que les tentatives réalisées dans ce sens n'ont pas donné, jusqu'ici tout au moins, les résultats escomptés, mais il est possible que l'avenir réserve d'autres résultats, par l'application de méthodes ou de moyens qui n'ont pas encore été employés.

L'idée, en tout cas, était séduisante et elle justifiait ce qu'on appellerait aujourd'hui un essai loyal. Pour connaître sa valeur, il faut aller plus loin et se demander quelle serait la nature de cette propriété du syndicat. Ce point soulève d'autres difficultés qu'il est bon d'indiquer, ne fut-ce que pour provoquer des solutions pratiques, si vraiment il en existe.

Pour préciser notre pensée, nous allons supposer un syndicat constitué le 1er janvier 1900, composé de cent adhérents et possédant, suivant notre hypothèse, une somme de cent mille francs. Nous supposerons que les cent ouvriers syndiqués ont adhéré, à la même date, aux statuts de leur syndicat, et que celui-ci, se déclarant dissous à l'unanimité des voix, le 1er janvier 1906, se dispose à procéder à sa liquidation, ainsi qu'il aurait le droit de le faire conformément à une loi spéciale. On pourrait décider, d'après la même hypothèse, que cent ouvriers ayant un intérêt égal et identique dans la répartition du capital de cent mille francs toucheraient chacun une somme de mille francs. Après quoi, les syndiqués, ayant reçu leur part, reprendraient leur liberté individuelle et disposeraient à leur gré du montant de leur quote-part.

Si les choses pouvaient se régler de la sorte, la difficulté, à coup sûr, serait réduite à son minimum ; mais nous avons raisonné dans une espèce qui ne se réalisera jamais. C'est ainsi qu'il est invraisemblable de croire que les cent adhérents du 1er janvier 1900 seront tous vivants le 1er janvier 1906. Quelques-uns auront disparu, et leur nombre sera réduit par exemple à quatre-vingt-quinze.

Sera-t-il équitable de répartir les cent mille francs entre les quatre-vingt-quinze survivants, alors que les cinq décédés seront morts dans le courant de l'année 1905 ? et ne serait-il pas plus juste de ne pas faire accroître leurs parts aux survivants, pour en faire profiter les veuves ou les enfants des ouvriers disparus ?

Cela est évident ! Mais il conviendra, d'autre part, de ne verser à ces ayants-droit que la part de leur auteur, jusqu'au jour du décès de celui-ci. Il ne faut pas perdre de vue, non plus, qu'au moment du décès de l'un des syndiqués, le syndicat ne devait pas se dissoudre et que l'événement ne s'est réalisé que plus tard. Dira-t-on alors qu'au moment de ce décès, la veuve avait un droit-né à revendiquer la part de son mari, ou bien faut-il soutenir qu'à cette époque le syndicat étant propriétaire, en sa qualité de personne morale, aucun droit ne pouvait être exercé contre lui ? Dira-t-on enfin que le droit de la veuve a été subordonné à la dissolution du syndicat, qui pouvait ne pas se réaliser ? Quel est enfin ce droit qui pourra s'exercer ou non au gré d'une personne ?

Ce n'est pas tout, car l'hypothèse peut se compliquer bien davantage. On peut prévoir qu'au cours de l'existence du syndicat, un ou plusieurs ouvriers auront donné leur démission ; ceux-ci pourront-ils alors réclamer le versement entre leurs mains de ce qu'ils appelleront le montant de leurs droits, et le syndicat ne sera-t-il pas fondé à leur répondre que c'est lui qui possède, lui qui est propriétaire, lui qui constitue une personne indépendante et que nul ne peut partager avec lui son droit exclusif de propriété ?

Il convient d'ajouter que de nouveaux adhérents seront entrés dans le syndicat, que ceux-ci pourraient aussi formuler des revendications si la personne morale ne restait pas elle-même, c'est-à-dire seule et unique propriétaire ; que les uns seraient restés quelques semaines ou quelques mois dans le syndicat, que ceux-ci en auraient fait partie à l'époque de sa prospérité, que d'autres seraient entrés après cette période, et d'autres avant.

Tout cela créerait une confusion inextricable qui surgirait à l'heure de la dissolution du syndicat, et qui naîtrait aussi au moment de chaque démission, de chaque décès, de chaque adhésion. Pour l'éviter il faudrait décider que le syndicat, en tant que personne morale, est l'unique propriétaire des biens, et que l'indivision n'est qu'une fiction. Il resterait alors à décider de la dévolution de ces biens en cas de dissolution.

Pour envisager les choses sous leur véritable jour, il convient de penser qu'un syndicat prospère n'aboutirait point à la dissolution. Il en est des personnes morales comme des individus ; on ne se suicide pas sans cause ! Or, une société prospère, n'ayant aucune raison de se suicider, ne se résoudrait certainement pas à la dissolution. Elle vivrait, elle voudrait vivre, grandir, se fortifier et employer tous les moyens mis à sa disposition pour s'enrichir davantage.

C'est ici, peut-être, que se trouve le point culminant de notre raisonnement, car nous arrivons à nous placer en face de cette formule trilogique : multiplication des syndicats dans toutes les branches d'intérêts, étant donné le mouvement d'extension qui se manifeste dans les propositions de lois ; prospérité de ces syndicats, sans limitation de propriété ; et immobilisation des capitaux dans les mains des syndiqués.

Si tel est le but poursuivi, il faut avoir le courage de l'annoncer. Du reste, c'est un système qui a, tout au moins, l'avantage d'être logique. On le discutera, on en pèsera les bénéfices et les inconvénients, et le pouvoir législatif décidera. En pareille matière il ne s'agit point de procéder par demi-mesures, ayant pour objet de satisfaire un besoin immédiat, réel ou apparent ; il s'agit, en réalité, de s'engager dans une voie, en connaissance de cause, et en sachant bien que les mouvements commencés ne peuvent pas être endigués à tel ou tel point. L'histoire est là pour démontrer qu'on ne peut pas s'arrêter sur une route à demi parcourue et pour nous enseigner qu'il ne faut pas s'engager dans un chemin, sans avoir la pensée d'aller jusqu'au bout.

Revenons maintenant à notre formule et simplifions-la comme elle doit l'être ; envisageons donc les conséquences, plus ou moins lointaines, mais inéluctables de ce fait, augmentation sans cesse croissante et immobilisation des capitaux dans les mains des syndiqués.

Cela peut se traduire plus simplement encore par une expression qui, sans doute, mérite quelque attention, puisqu'elle fait apparaître le renouvellement de la mainmorte.

Il ne faut pas craindre, en effet, d'appeler les choses par leur nom, même lorsque ce nom peut produire quelque effarement parmi les économistes ; et il faut craindre, avant tout, en pareille discussion, d'employer des termes équivoques — permettant de fournir des explications aux gens que le fond des choses n'intéresse pas. Parlons donc des biens de mainmorte, ou plutôt contentons-nous de les appeler de leur véritable nom, car il n'y a plus rien à dire des biens de mainmorte qui ont joué un certain rôle à l'époque de la Révolution ; personne ne saurait les défendre, parce qu'ils reposent sur un principe faux, ruineux et injuste. Peu importe, d'ailleurs, les mains entre lesquelles ils sont centralisés ; ils sont un égal danger parmi les partisans du gouvernement comme parmi les adversaires de celui-ci ; ils sont frappés d'un mal absolu, que n'atténuent ni les circonstances, ni les temps, ni les milieux. Il suffit de dire qu'ils manquent de légitimité pour assurer leur condamnation ; et rétablir leur principe au profit d'une catégorie, quelle qu'elle soit, serait mal servir cette catégorie à laquelle on voudrait du bien, car ce serait préparer contre elle, dans un temps, une formidable opposition qui finirait — cela s'est vu — par balayer tout ensemble l'institution et l'institué.

Il y aurait donc un danger évident à permettre aux syndicats de posséder sans limitation de propriété ; d'autre part, nous avons vu que le contrat collectif ne peut exister qu'à cette condition, c'est assez dire que ce contrat, au point de vue économique et juridique, constitue une impossibilité.

Ce n'est pas tout ! et, pour en finir à cet égard, qu'il nous soit permis d'ajouter une réflexion qui justifiera, selon nous, la seconde partie de cette étude.

Le travail et le capital sont deux forces de production, dont l'une ne peut pas être supprimée sans supprimer l'autre. Elles sont indissolublement liées, et tout ce qui les pousse à se heurter et à se livrer réciproquement assaut, doit être considéré comme un mal social. Or, le contrat collectif tel que nous l'envisageons aurait pour résultat d'exciter l'antagonisme de ces deux forces ; il est, par conséquent, de nature à constituer une base erronée de la discussion engagée dans le but d'aboutir au remède. Le mieux est donc de laisser ce contrat de côté, pour rechercher, de bonne foi, ce qui peut apaiser le conflit, et même le faire complètement disparaître. Il est toujours possible de s'entendre et de trouver une formule capable de délimiter un terrain de transaction ; il suffit pour cela de se demander si l'opposition des intérêts en jeu n'est pas plus factice que réelle, et si ces intérêts, au lieu de se heurter, ne doivent pas suivre des voies parallèles, même jusqu'à se confondre dans une vaste communauté, au profit de laquelle toutes les forces s'exerceront.

Autrement dit, ne peut-on pas se demander s'il n'est pas possible de réunir les capitalistes et les travailleurs dans une même conception, tendant à un effort commun, en vue de la défense d'un intérêt commun ? Autrement dit encore, ne peut-on pas substituer la communauté d'intérêts à l'antagonisme des intérêts, par ce qu'on appellerait le contrat d'intérêts ?

CONTRAT D'INTÉRÊTS

Ce serait une erreur que de croire à la nécessité de *créer* une communauté d'intérêts entre travail et le capital, c'est-à-dire entre les ouvriers et le patron. Cette communauté d'intérêts *existe*, elle se trouve dans le fondement même de tout contrat de travail, et il s'agit uniquement de la dégager pour la préciser.

Il serait suranné de répéter que le travail a besoin du capital, comme le capital a besoin du travail. C'est là une vérité évidente, car on s'accorde pour reconnaître que le capital n'est autre chose que du travail accumulé. Si donc cela est une vérité, — et c'en est une ! — comment est-il possible de ne pas être frappé de ce fait évident, que deux forces qui ont besoin l'une de l'autre pour exister et pour produire ne sont pas liées l'une à l'autre par une communauté intime d'inté-rêts ? et pourquoi se refuser à prendre cette vérité comme base de tout raisonnement en matière de relations à établir entre le travail et le capital ?

Si l'on tombe d'accord sur ce premier point, il sera plus facile de renverser les obstacles que fera naître l'application du principe, car, lorsque deux adversaires sont convaincus de la nécessité de s'entendre, le résultat cesse d'être douteux.

Une seule chose ensuite est nécessaire, il s'agit de peser les forces en présence et de leur réserver leur part légitime d'avantages, en proclamant leurs droits réciproques.

Ce n'est, semble-t-il, porter atteinte ni au capital, ni au travail, que de dire qu'à tout le moins ils ont des droits égaux, précisément parce que le capital est une forme du travail lui-même. A ce titre, il n'y a aucune raison de favoriser l'un plutôt que l'autre, car tout traitement de faveur au bénéfice de l'un, correspondra à un préjudice infligé à l'autre ; l'égalité s'impose ici comme ailleurs, comme partout, à l'égard des personnes ayant les mêmes droits.

On peut même considérer que l'union du travail et du capital offre quelque ressemblance avec le mariage ; ensemble ils peuvent produire, séparément ils demeurent stériles. Ensemble ils se fécondent, séparément ils ne donnent aucun fruit. Ils sont, si l'on peut dire, les sexes opposés, nécessaires à la production. Leur union, dès lors, s'impose ; leur accord est indispensable, leur harmonie doit présider à leur mise en œuvre. Ils ont une part égale dans la procréation, une part égale dans l'enfantement, et il est juste qu'ils aient une part égale dans les fruits, suivant les risques inhérents de part et d'autre. Ils réalisent enfin un mariage indissoluble, sans divorce possible, sous peine de perdre immédiatement tous les avantages résultant de leur union.

Il reste maintenant à préciser quels seront les bénéfices des conjoints : sous le régime de la communauté d'acquêts qui devra constituer leur loi, sous forme de contrat de travail.

I. *Bénéfices du capital*. — Le bénéfice du capital engagé dans une entreprise commerciale ou industrielle, correspond à la somme demeurée liquide après le prélèvement du montant total des frais généraux, dans lesquels il faut comprendre les salaires et l'amortissement des machines. Cette somme liquide peut se diviser en deux parts ; on appellera la première *l'intérêt* servi au capital, la seconde sera désignée sous le nom de *dividende*. Cette distinction a permis, dans certaines sociétés, de conserver une rétribution aux actionnaires dont les titres ont été amortis en leur attribuant des actions de jouissance, de telle sorte que ces actionnaires continuent à toucher des dividendes sur un capital, non originaire, correspondant à la différence de valeur existant entre le prix de l'émission des titres et le taux de leur accroissement. On pourrait qualifier ces actions d'actions de plus-value, et l'on est ainsi amené naturellement à rechercher quels ont été les éléments de cette plus-value dont profitent seuls ceux qui ont exposé le capital initial.

Cette conception serait équitable si le capital avait été le seul facteur de la plus-value ; mais il suffit d'énoncer une telle proposition pour en faire apparaître le vice évident. Personne, en effet, ne peut soutenir sérieusement que le capital ait joué le seul rôle dans l'augmentation de la valeur des titres émis à l'origine de la société. Sans doute, il a exercé son influence dans l'accomplissement du terme obtenu, mais il a reçu du travail une aide puissante pour parvenir au résultat. C'est là un fait incontestable, puisqu'il est vrai de dire, comme nous l'avons observé plus haut, que le capital ne peut rien sans le travail ! Il serait juste, par conséquent, d'attribuer au travail une part des bénéfices résultant de sa collaboration avec le capital suivant des règles qu'il conviendrait de déterminer dans la pratique, car il est difficile d'admettre, au point de vue de la simple équité, que les deux facteurs de l'enrichissement se trouvent placés dans cette situation, qu'un seul des deux, bénéficie de tous les avantages de l'effort commun.

C'est pourtant ainsi que les choses se passent et nous assistons à ce spectacle que le capital s'attribue tous les bénéfices, sans en abandonner une parcelle à l'élément travail.

Nous ne perdons pas de vue que pour légitimer cette situation, on soutient, qu'au début de l'entreprise, et pendant tout le cours de l'exploitation, tous les risques sont courus par le capital, et qu'il y a lieu, en conséquence, de lui attribuer la contre-partie de ces risques, que représente la somme de tous les bénéfices. Sans doute l'objection ne manque pas d'une certaine valeur, mais elle serait singulièrement plus déterminante si elle ne se présentait point avec un caractère aussi absolu. Il n'est pas exact, en effet, de prétendre que, dans une entreprise, *tous* les risques sont courus par le capital tout seul. Ce qu'on peut dire plus justement, c'est que le capital court le risque de perdre, tandis que le travail court le risque de ne pas gagner. A coup sûr, la nature de ces risques n'est pas la même, et leur importance n'est peut-être pas égale dans les deux cas ; mais il serait téméraire de prétendre que sous prétexte qu'un risque se différencie d'un autre par sa nature et par son importance, il cesse, par cela même, d'exister.

D'autre part, on invoque à l'appui du système actuel une sorte de forfait entre le patron et l'ouvrier, aux termes duquel ce dernier reçoit, sous forme de salaires, tout ce à quoi il a droit ; et l'on ajoute que le travail reçoit ainsi une rémunération contractuelle, qui supprime vis-à-vis de lui tous les aléas.

En tenant ce raisonnement, on prend pour base un état juridique actuellement existant, et qu'il serait possible d'invoquer devant la justice en cas de différend. Il convient donc de s'incliner devant les lois en vigueur et de les saluer au passage ; mais il ne faut pas oublier que l'économiste ou le philosophe, sans vouloir heurter la loi, ont le droit de se demander si les principes sur lesquels elle repose sont et doivent rester immuables, ou si, au contraire, leur caractère économique ou philosophique ne comporte pas la nécessité de l'évolution, dans une matière changeante intrinsèquement, à la lumière que projettent les faits de chaque jour.

A cet égard, on peut affirmer que quelles que soient les hauteurs auxquelles s'élève le droit écrit, elles restent, parfois, en dessous du niveau du droit naturel que les contingences n'embarrassent pas. A ce titre, ce droit naturel se rapproche plus sûrement du droit absolu qui n'a d'autre assise que l'équité, indépendamment des circonstances ; et c'est ainsi qu'on se pose la question de savoir s'il ne convient pas d'apporter au droit écrit des modifications qui élargissent, dans la mesure du possible, et suivant une série d'étapes, son champ d'application pratique.

L'égalité du travail et du capital dans les entreprises commerciales ou industrielles réalise l'idéal vers lequel nous devons nous acheminer. Certes, il serait peut-être difficile de définir les principes de cette égalité désirable. L'identité ne se peut préciser qu'entre deux choses semblables; autant dire qu'en raison des différences qui existent entre le capital et le travail, cette identité ne peut guère être fixée d'une façon mathématique. Ils ont, l'un et l'autre, leurs modalités, en dépit de leur unité d'origine, et il sera nécessaire d'en tenir compte, mais une formule devra être trouvée qui les place sur le même pied au point de vue du principe. Ce serait, d'ailleurs, se faire grandement illusion que de croire à la simplicité de cette formule; mais il est consolant de penser que toutes les écoles, malgré leurs divergences, s'ingénient, en somme, à le décou-

vrir, et que, suivant des voies diverses, elles convergent toutes
vers le même but, c'est-à-dire qu'elles s'efforcent d'apaiser le
conflit au bénéfice commun.

II. *Bénéfices du travail.* — Dans l'organisation actuelle, les
bénéfices du travail sont, à quelques rares exceptions près,
constitués uniquement par les salaires quotidiens de l'ouvrier.
Lorsque le soir venu, le patron a payé à l'ouvrier le prix de
sa journée de travail, cet ouvrier ne peut plus rien réclamer
et le contrat forfaitaire a reçu son entière exécution ; peu importe, d'ailleurs, que cette journée de travail ait contribué ou
non à l'enrichissement du patron. Le principe de ce contrat a
pour base ce fait que l'ouvrier, recevant son salaire, tient le
patron quitte du bénéfice procuré par le travail. Est-ce juste ?
Oui, cela est juste au point de vue juridique ; est-ce équitable
au point de vue économique ? Il serait plus difficile de l'affirmer.

On peut concevoir que le salaire de l'ouvrier se décompose
en deux parties: l'une, représente la part du travail matériel,
l'autre, la part de l'enrichissement que le travail procure au
capital. Si le salaire représentait uniquement la part du travail matériel, de l'effort réalisé par l'ouvrier, le défaut d'équité
sauterait aux yeux ; il faut donc admettre que le salaire comprend les deux éléments dont nous venons de parler ; il faut
admettre également que la seconde part est la moindre des
deux. Par exemple, si un ouvrier gagne huit francs par jour,
on dira que sur cette somme totale sept francs correspondent
au premier élément, et que un franc constitue la prime de bénéfices revenant au capital. En raisonnant de la sorte, les partisans du régime actuellement en vigueur triompheront aisément, sous prétexte que la somme de sept francs est suffisamment rémunératrice de la peine journalière de l'ouvrier,
et que le franc de surplus, suffit lui-même à la participation,
puisqu'il est prélevé quotidiennement à ce titre, alors même
que l'exploitaion ne procurerait aucun bénéfice dans le bilan
dressé dans l'inventaire de chaque année.

Cette théorie, que nous avons entendu soutenir, n'a qu'un
défaut, c'est qu'elle part d'un principe purement arbitraire.
Nous voulons bien pourtant l'accepter pour les besoins de
notre argumentation, en fixant comme point de départ du rai-

sonnement que le salaire quotidien de l'ouvrier comprend les deux éléments que nous avons précisés il y a un instant.

Un vieux proverbe enseigne, à juste titre, que toute peine mérite salaire. Il est donc évident, qu'indépendamment des résultats généraux de l'exploitation commerciale ou industrielle, toute journée de travail fournie par un ouvrier *devra* rémunérer celui-ci de sa peine. Le prix de la journée de travail variera suivant les conditions économiques du moment, en réalité le travail est une sorte de marchandise qui suit la loi de l'offre et de la demande ; le prix de la journée de travail ne sera donc pas immuable et il appartiendra aux intéressés, guidés par leurs décisions prises au sein du syndicat, de faire en sorte que cette marchandise ne tombe pas à vil prix. A cet égard, la loi de 1884, si incomplète qu'elle paraisse aux yeux de quelques-uns, fournit aux organisations ouvrières des moyens de défense qui ne sont point négligeables.

Voilà donc tranchée, par hypothèse, la question du salaire quotidien, au point de vue du premier élément. Il reste alors à décider quant au second, ce qui offre, à coup sûr, plus de difficulté.

Nous n'en sommes plus, tout d'abord, à discuter la légitimité de la participation des ouvriers au bénéfice de l'exploitation. Tout le monde, croyons-nous, est d'accord pour reconnaître qu'il serait juste que le capital ne s'enrichit point seul de sa collaboration avec le travail ; quelle serait, en effet, cette société, composée de deux associés, dont l'un accaparerait tous les bénéfices à l'exclusion de l'autre ? Or, la collaboration du capital et du travail ne représente-t-elle point une véritable société formée par deux associés ? C'est assez dire, n'est-il pas vrai, que l'un et l'autre ont le droit de concourir aux bénéfices dans des conditions et des proportions que nous n'indiquons pas maintenant, car nous nous contentons d'établir la vérité du principe.

Cette question de la participation des ouvriers aux bénéfices généraux de l'exploitation est loin d'être nouvelle. M. Godin, à Guise, MM. Harmel frères, au Val-des-Bois, l'ont résolue depuis longtemps, et ces deux exemples démontreraient à eux seuls la possibilité de l'application du principe, s'ils n'en avaient démontré, par surcroît, les excellents résultats. Il faut même que ce principe soit d'une solidité absolue pour que sa résultante soit la même dans les deux cas. Là, l'esprit laïc domine, ici l'esprit clérical est prépondérant ; ici et là le succès est identique, tant est vigoureux le principe initial. Et ce principe, en somme, est assez simple, autant que puisse être simple la complexité des rapports à établir entre le travail et le capital ; il consiste à rapprocher dans une communauté pratique d'intérêts les deux grands frères apparemment ennémis, et à leur faire comprendre qu'il n'existe entre eux aucun antagonisme, lorsqu'ils sont l'un et l'autre de bonne foi, à l'égard l'un de l'autre. C'est cette bonne foi que la loi pourra leur imposer pour apaiser tous les conflits, en créant, dans cet organisme compliqué, un rouage nouveau que nous appellerons l'*action de travail*.

Le 8 juillet 1896, au cours d'un banquet qui lui était offert par les notabilités parisiennes du commerce et de l'industrie, M. Waldeck-Rousseau faisait connaître qu'une enquête économique « avait fait apparaître un développement puissant « de la participation aux bénéfices, une tendance marquée à « sortir du prolétariat pur et simple », et il ajoutait : « C'est « pourquoi j'exprimais alors cette conviction que le travail « demanderait de plus en plus sa rémunération à la partici- « pation aux bénéfices, de moins en moins au louage d'ou- « vrage. Que demandaient les partisans de la participation ? « Un statut légal, comme il en est un pour le prêt, pour la « vente, pour les sociétés. Ainsi toutes les associations se pla- « çaient, avec cette sûreté d'instinct qui est une des qualités « de notre race, sur le terrain de la liberté, »

La conception de l'orateur était aussi nette que possible. Il distinguait sans ambiguité le louage d'ouvrage et le droit à la participation des bénéfices ; et il affirmait la nécessité d'instituer un statut légal, comme il en est un pour le prêt ou la vente. Il prévoyait le contrat de travail avec participation, et il en proclamait la légitimité. Peut-être, cependant, serait-il plus exact de dire qu'il *entrevoyait* ce contrat, qui ne semble pas, chez l'éminent homme l'État, être descendu des hauteurs de la conception au terre-à-terre de l'application pratique.

Déjà en 1896, la nécessité d'un statut légal s'imposait pour le règlement des rapports existant entre le travail et le capital, ou plutôt elle était, à cette époque, officiellement affirmée par Waldeck-Rousseau. Depuis lors, bien des événements se sont accomplis, l'évolution s'est précipitée, Waldeck-Rousseau a exercé le pouvoir pendant trois ans et le statut légal reste à l'état de rêve.

Quel doit être ce statut, sinon une réglementation à la fois juste et équitable du capital et du travail dans leur collaboration en vue d'un produit ? Il sera donc indispensable, avant tout, de préciser les droits de l'un et de l'autre et d'opérer des prélèvements pour payer les frais généraux. Parmi ceux-ci devraient figurer l'intérêt du capital, mis en regard du prix attribué au louage d'ouvrage ; de même, en effet, qu'il est juste de rétribuer le travail de l'ouvrier par le salaire, il convient de rémunérer le travail du capital par un intérêt. Puis, lorsque ces divers prélèvements seraient effectués, on verrait apparaître les bénéfices procurés à l'exploitation par le travail du capital et par celui de l'ouvrier.

Les bénéfices actuellement réalisés dans les sociétés sont tous appliqués aux actionnaires. Les uns, propriétaires d'actions de capital, reçoivent l'intérêt de leur argent et une quote-part des dividendes ; les autres, propriétaires d'actions de jouissance, touchent une quote-part des dividendes. Seul l'ouvrier ne touche rien, parce qu'il est censé avoir reçu tout ce à quoi il avait droit, ce qui est exact légalement parlant.

Cet ouvrier, croyons-nous, recevrait un traitement plus équitable si, d'une part, il abandonnait la partie, minime du reste, de son salaire correspondant forfaitairement aux bénéfices qui lui sont attribués, et s'il recevait, d'autre part, le quantum résultant de la participation, même avec les aléas qu'elle pourrait comporter.

Je sais à merveille qu'ici on va m'arrêter net en formulant les objections ordinaires. On fera remarquer que la participation des ouvriers aux bénéfices de l'exploitation ne va pas sans l'exercice d'un contrôle qu'il faudrait accorder à ces ouvriers sur les comptes, que cela présente les plus graves inconvénients ; qu'il se peut, par exemple, qu'une ou plusieurs années se soldent, en fin d'exercice, par un déficit, et qu'il est de l'intérêt de tous que ce déficit ne soit pas proclamé, sous peine de porter une atteinte, peut-être mortelle, au crédit de la société.

Tout cela contient une part de vérité, et il serait puéril de le dénier. Mais il ne faut pas pousser les choses au noir, sous prétexte de les placer sous leur véritable jour ; sans doute, la démonstration par l'absurde peut conduire à la conviction, mais il faut se garder de la généraliser. Ceux qui s'élèvent ainsi contre la réforme ont l'excuse de vouloir défendre leur bien, et cela est très humain ; il s'agit seulement de savoir si cette défense est bien comprise par eux et s'ils ne sont pas quelque peu maladroits dans l'exposé de leurs prétentions.

Il n'est pas douteux, en première ligne, que lorsque le travail aura reçu son statut légal à la participation, les ouvriers devront avoir le droit de contrôler la sincérité des comptes établis par la société. Il n'y a là, semble-t-il, rien qui doive effaroucher qui que ce soit, et la raison de fait est, en somme, assez simple.

Sous l'empire de notre législation, les actionnaires d'une sociétés ont, eux aussi, le droit d'exercer un contrôle ; mais ils ne le peuvent faire que dans des conditions fixées par la loi. C'est ainsi qu'ils ont la faculté de prendre connaissance du bilan dans un certain délai qui précède la tenue de l'assemblée générale. En réalité, ce contrôle est une illusion accordée par la loi à la curiosité de l'actionnaire qui ne peut rien contrôler du tout. Il a le loisir de lire ou d'entendre des rapports du conseil d'administration et de la commission de contrôle, auxquels, la plupart du temps, il ne comprend quoi que ce soit.

Craint-on que les ouvriers soient plus soucieux de leurs intérêts que les actionnaires eux-mêmes ? En vérité, le mal ne serait pas grand, car la possibilité du contrôle effectif sur les opérations commerciales ou industrielles aurait cet excellent résultat de tenir toutes les vigilances en haleine.

Qu'il s'agisse, d'ailleurs, d'un capital social ou du patrimoine particulier d'un patron, la situation est la même. Lorsqu'un patron se livre à une exploitation commerciale ou industrielle, il forme, en réalité, une société entre son capital et le travail auquel il fait appel pour exploiter celui-ci. Qu'il le veuille ou qu'il ne le veuille pas, le fait est identique et ne peut pas dépendre de sa volonté, car la volonté ne modifie pas la matérialité des choses. Cette matérialité des choses est défigurée — ou plutôt déformée — par la fiction légale, mais il est toujours permis de sortir de la fiction, ou de l'erreur, pour rentrer dans la réalité. Nous avons, actuellement, cette conception que le propriétaire d'un capital a le droit de l'exploiter à sa guise, et ce serait nier le principe de la propriété que de prétendre le contraire ! Nous en sommes tout à fait d'accord ; mais cela n'est vrai qu'autant que le propriétaire exploite seul son capital. Dès qu'il le confie à un tiers, à un débiteur par exemple, il subit la loi du contrat intervenu pour fixer les conditions du prêt, le taux de l'intérêt, le terme du remboursement, etc., et cela nous paraît, à juste titre, l'exercice le plus libre et le plus normal du droit de propriété. Pourquoi ? Parce que nous sommes accoutumés à ces modalités de l'exercice du droit de propriété, sans nous apercevoir que toute modalité de cet exercice est une atteinte au principe absolu du droit de propriété.

Dira-t-on que ce capitaliste a le droit de choisir ou d'imposer les modalités qui lui conviennent, et que ce serait porter une atteinte plus grave à son droit que de l'obliger à contracter, dans des conditions déterminées par la loi, avec les ouvriers qu'il embauche dans son entreprise ? Nous ne pouvons pas le croire ! et voici pourquoi :

Il est incontestable que la loi peut régler l'exercice du droit de propriété ; il est non moins certain qu'elle le règle dans maintes circonstances, que tout le monde accepte, que personne ne conteste ; par exemple, le droit de tester est strictement réglementé, le droit de construire un immeuble est réglementé, le droit de respirer, d'avoir du jour et de l'air est réglementé... et les exemples pourraient être multipliés.

La loi peut donc imposer au propriétaire *de ne pas faire*, elle ne peut pas obliger celui-ci *de faire* une chose qu'il ne lui plairait pas de faire. Ainsi, elle ne peut pas contraindre un capitaliste à faire le commerce ou fonder une industrie, mais elle a le droit de fixer les conditions dans lesquelles ce capitaliste, libre de s'abstenir, aura librement décidé d'exercer un commerce ou une industrie. Et, comme le disait Waldeck-Rousseau, elle pourra instituer un statut en matière de participation aux bénéfices d'une exploitation, de même qu'elle a institué des statuts en matière de prêt ou de société.

Qui donc proteste contre le statut légal imposé aux sociétés ? Personne, assurément ! On comprend, en effet, la nécessité de réglementer la constitution des capitaux ; ce n'est point là une tyrannie contre laquelle s'élève la conscience humaine. Sera-ce donc une tyrannie que le statut qui réglementera la constitution des sociétés dans leurs deux éléments essentiels, représentés par le travail et le capital ?

Si le principe de cette réglementation n'est pas douteux, on conviendra que le capital, mis en exploitation, devra subir le double contrôle des deux parties intéressées. Il s'agira, alors, de réglementer ce contrôle lui-même, de l'entourer de toutes les garanties désirables, d'éviter toute immixtion vexatoire, et d'attribuer l'exercice de ce contrôle à une commission où seront proportionnellement représentés les intérêts en cause.

Dès lors, il est permis de considérer la première objection comme résolue ; examinons à présent la seconde.

Celle-ci est relative à l'atteinte qui pourrait être portée au crédit de la société, dans le cas où l'on ferait apparaître un déficit dans les résultats d'une année d'exploitation. Elle consiste à faire ressortir l'inconvénient qui résulterait de la confidence forcée, faite aux ouvriers, d'une situation pécuniaire peu satisfaisante et les apôtres du *statu quo* s'emparent de ce fait pour s'efforcer de démontrer qu'un pareil état de choses serait le prélude des pires catastrophes.

Pour répondre à cette objection, on peut tout d'abord poser en principe que le capital d'une société anonyme court les mêmes risques, en cas de mauvais résultats annuels, de voir porter atteinte à son crédit, par le fait d'une divulgation. Nous disions, il y a un instant, que les actionnaires pouvaient — dans des limites étroites, sans doute — mais pouvaient cependant, exercer leur contrôle sur les opérations qui ressortent du bilan présenté à l'assemblée générale. Ce contrôle n'est pas seulement nominal, en dépit des restrictions de la loi ; il s'exerce effectivement, et comme un certain nombre de sociétés ont traversé des crises, dont elles se sont d'ailleurs relevées, il est évident que certains actionnaires ont connu les moments difficiles, et que pourtant, ils n'ont pas crié leurs craintes sur les toits. Leur intérêt était un sûr garant de leur silence.

D'autres sociétés — et il serait facile de citer des exemples — n'ont pas redouté les conséquences résultant de l'exposé sincère fait de leur situation passagèrement embarrassée. Elles ont décidé de ne distribuer aucun dividende pendant une ou plusieurs années, et en cela elles ont sagement agi, car en prenant cette mesure elles ont assuré le relèvement de leur crédit et l'amélioration de leur situation. L'aveu fait par elles des difficultés qu'elles traversaient ne les ont point conduites à la ruine, et ce fait suffit à démontrer qu'il ne faut rien exagérer à cet égard.

Mais, quand bien même il y aurait péril à faire apparaître la situation véritable, ce péril, hypothétique, ne serait point aggravé par ce fait qu'il serait dénoncé par l'élément ouvrier plutôt que par l'élément capitaliste ; or, ce dernier peut faire cette dénonciation, puisque tout actionnaire a le droit, conformément à la loi et aux règles du pacte social, d'exercer un contrôle qui lui permet de connaître la situation de la société dont il fait partie.

Quelques défenseurs zélés du système actuel ne manqueront peut-être pas de dire que l'élément ouvrier n'observera pas la même discrétion que l'élément capitaliste, et que là où celui-ci sait garder le silence, celui-là, pour faire pièce au capital, se hâtera de parler.

Eh bien ! supposons pour les besoins de la cause, et en faisant toutes réserves, qu'il en soit ainsi actuellement, que l'élément ouvrier soit heureux de porter des coups mortels à la puissance capitaliste, et que le danger soit ce qu'on prétend. Nous observerons, en premier lieu, que ceux qui raisonnent ainsi partent de ce point de vue erroné, que le travail et le capital sont deux antagonistes qui cherchent réciproquement à se nuire ; leur conception irréductible les conduit de la sorte à être les ouvriers aveugles d'une œuvre mauvaise, parce qu'elle est une œuvre de lutte au lieu d'être une œuvre d'apaisement.

Quoi qu'il en soit, du reste, nous ne redoutons point de faire toutes les concessions sur ce terrain ni d'envisager la pire hypothèse. Loin de nous cependant, la pensée que l'ouvrier soit frappé d'une mentalité qui lui commande d'être l'ennemi du capitaliste, car nous n'admettons que difficilement les choses déraisonnables ! Mais, même en supposant cette invraisemblance, nous ne nous tiendrons point encore pour battus.

Pour dire que le travail veut mal de mort au capital, il faut convenir que l'un est l'ennemi de l'autre, et que leurs intérêts ne sont pas seulement opposés, mais exclusifs. Supposons donc qu'il en soit ainsi, puisque nous consentons à faire toutes les concessions, et légitimons, pour un instant, cette rivalité violente. Nous la déplorerons, en tout cas, les uns et les autres, à quelque parti que nous appartenions ! Nous considérerons communément que c'est un mal, ou tout au moins un désordre social, et si nous sommes animés d'un peu de bonne volonté, nous chercherons le remède qu'il faut apporter, dans les limites du possible, à ce fâcheux état de choses.

Nous serons alors bien près de nous entendre, à la condition de reconnaître, ce qui sera facile, que l'intérêt est le mobile des actions humaines. Il est, en effet, de toute évidence que, de même que l'homme se détermine par son propre intérêt, de même les hommes se groupent autour de leur intérêt commun, pour le défendre et pour en assurer le triomphe. A deux intérêts divers et opposés, correspondent deux groupements d'individus. Mais si les uns et les autres parviennent à se persuader que ce qu'ils considéraient comme des intérêts opposés se résume en réalité à un seul, unique et identique intérêt, les deux groupements fusionneront pour faire succéder l'unité à la dualité, l'accord au désaccord, la paix à la guerre.

L'instrument certain de cette pacification nécessaire trouve sa formule dans la participation aux bénéfices, et la loi peut l'imposer. Personne, d'ailleurs, ne pourra s'en plaindre ; l'ouvrier y trouvera un avantage que nul ne conteste, et que quelques intéressés aveugles redoutent peut-être ; le patron ne pourra que s'en réjouir, s'il consent à comprendre son véritable intérêt, parce qu'il trouvera dans l'ouvrier un collaborateur en vue de l'augmentation des bénéfices annuels. Il suffira à l'ouvrier de devenir un actionnaire, pour être assuré de son souci de défendre l'intérêt commun ; le jour où il sera lui-même titulaire d'une action de travail, il comprendra, aussi bien qu'un actionnaire de capital, qu'il ne doit pas ébranler, par un coup de tête, le crédit de la société dont il constituera une unité. Si les mauvais jours arrivent, s'il se produit une crise économique, il aura un intérêt *personnel* à garder le silence sur l'état fâcheux de la société ; son éducation se fera vite, à cet égard, et lui qui aura des charges de famille, ou le simple souci de ne pas compromettre son gagne-pain, ne commettra pas plus d'imprudence que l'actionnaire d'aujourd'hui, qui a le souci de ne pas perdre son capital.

L'action de travail attribuée à l'ouvrier paraît donc réaliser l'entente décisive entre lüi et son patron.

Tel est le principe qu'il n'était sans doute pas autrement malaisé de poser. Mais un principe est, en somme, peu de chose, indépendamment de son application. Il s'agit, à présent, de pénétrer dans le domaine de la pratique, et là, comme toujours, commencent à surgir les véritables difficultés.

I. *Forme de l'action de travail.* — Le rouage nouveau du contrat de travail passé entre le patron et l'ouvrier sous forme d'action de travail devrait être, suivant nous, constitué par un titre, une valeur mobilière identique aux actions de capital, ou mieux de jouissance, des sociétés ordinaires qui fonctionnent actuellement.

Tout ouvrier, embauché dans une entreprise de production, recevrait ainsi un titre établi sous forme d'un certificat nominatif d'une action de travail.

Les bénéfices afférents, à ce titre, auraient, en effet, un caractère purement personnel. La valeur de ce titre correspondrait à la valeur du travail, et cette valeur, elle-même, est toute individuelle ; l'action, ainsi instituée, ne saurait donc pas être établie en faveur du porteur considéré *in abstracto* ; elle représenterait une part de bénéfices appliqués à chaque journée de travail, et si elle faisait, ce qui serait possible dans des cas à déterminer peut-être, l'objet d'une négociation, le prix de vente ne pourrait qu'être fixé à forfait, aux risques et périls des contractants, car le titre s'éteindrait par la mort du titulaire, ou son départ de l'usine, pour revivre au profit du successeur de l'ouvrier.

II. *Jeu de l'action de travail.* — Nous avons indiqué plus haut, que l'action de travail pourrait être comparée à l'action de jouissance, et nous ne reviendrons pas sur les raisons qui nous ont déterminé. Rappelons seulement, que l'intérêt du capital serait balancé par ce que nous avons appelé le premier élément du salaire, autrement dit par le prix du louage d'ouvrage. Les frais généraux de l'exploitation, nécessairement prélevés, seraient payés par le capital et par le travail, et enfin les bénéfices, à répartir sous forme de dividendes, seraient partagés également. L'action de travail serait donc placée sur le même point que l'action de jouissance, et la comparaison entre les deux conduit logiquement à leur identification. On peut dire qu'elles découlent de la même origine et du même principe, savoir : la collaboration du travail et du capital, dans le but de l'enrichissement commun.

Il suit de là, que les deux collaborateurs trouveraient dans le succès de leur effort une identité d'intérêts. Plus et mieux l'ouvrier travaillerait, plus il serait certain d'augmenter ses bénéfices ; plus et mieux le capital fournirait à l'ouvrier le moyen de bien exécuter son travail, plus il en serait lui-même rémunéré.

Il ne serait, dès lors, peut-être pas excessif d'espérer que les causes violentes de chômage disparaîtraient peu à peu, et que l'industrie s'acheminerait de la sorte vers la disparition des grèves. Le jour où le travail et le capital, dans la personne de leurs représentants, seront convaincus de ce fait que leur entente doit être féconde, tandis que leur rivalité serait désastreuse pour tous, la bonne intelligence s'imposera aux uns et aux autres, et l'action de travail sera la puissance pondératrice, mieux, peut-être, que l'arbitrage, qui risquera toujours de ne satisfaire personne.

Les modalités de l'action de travail ne devront point se présenter avec un caractère de rigidité absolue. C'est ainsi qu'il serait expédient, sans doute, de doser les bénéfices au prorata du nombre des ouvriers et des années consécutives passées par ceux-ci dans leurs ateliers.

D'une façon générale, tout ouvrier entrant dans une usine, aurait droit à une part de bénéfices à déterminer sur la part globale attribuée au travail. Il convient, en effet, que le principe de la participation s'applique à tous et à chacun. Mais il serait bon, qu'une fois ce principe établi et consacré législativement, on attribuât une part croissante aux ouvriers, en rapport avec leur ancienneté dans l'usine. Quelles seraient les règles de cet accroissement ? Il est fort difficile de les fixer, et cela se résout à des questions d'espèces, que le cadre de cette étude ne nous permet point d'envisager par le détail. Qu'il nous suffise de dire que l'ouvrier qui a contribué pendant plus longtemps à l'enrichissement commun, a un droit plus important à exercer sur les bénéfices ouvriers. Nous sommes d'autant plus amené à tenir ce langage, que l'égalité ne devra point en souffrir, puisque tous les ouvriers auront la même faculté de concourir à l'augmentation des bénéfices, par l'augmentation de la durée de leurs services.

Il n'est, d'ailleurs, point à craindre que le patron tende à supprimer les ouvriers les plus anciens. Tout d'abord, il n'y trouverait aucun avantage, puisque la part accrue de l'un, profiterait aux autres ; et puis, dans une telle situation, le patron aurait inconvénient à se priver de ses anciens ouvriers, que leur ancienneté même désignerait comme étant les meilleurs. On ne pourrait pas, non plus, redouter des rivalités entre anciens et nouveaux ouvriers, puisque la part des uns et des autres s'accroîtrait, en quelque sorte automatiquement, par les années de présence dans les ateliers.

Il est bon, cependant, de placer ici une observation, et de prévoir l'objection qui peut être faite. Soit ! dira un contradicteur indulgent, le système préconisé est excellent, il est de nature à produire pendant un temps des résultats désirables ; mais, prenez bien garde à l'inconvénient que voici :

Supposez que les mêmes ouvriers travaillent dans une même usine pendant un certain nombre d'années ; que les derniers venus parviennent à acquérir une ancienneté suffisante pour voir augmenter leur part de bénéfices, et que les bénéfices généraux de l'usine ne progressent pas, il en résultera nécessairement que la part des derniers s'accroissant, la part des plus anciens diminuera, puisque la somme à répartir sera la même, et prenez garde, sous prétexte d'éviter une rivalité entre le travail et le capital, de faire naître une rivalité entre les travailleurs.

Il est inutile d'affirmer que nous ne poursuivons pas un pareil but, et, partant de là, nous allons nous efforcer de résoudre l'objection.

Nous pensons que pour parvenir à l'aboutissement de l'argumentation, il faut admettre un concours de circonstances, irréalisables en fait : 1° l'uniformité des bénéfices, ou la diminution de ceux-ci ; 2° le maintien d'un personnel identique pendant une longue série d'années.

1° Que les bénéfices diminuent dans une exploitation, ou qu'ils se reproduisent exactement, c'est là un phénomène normal, ou tout au moins possible. A cet égard, nous passons condamnation.

2° L'impossibilité matérielle du second terme nous rassure plus complètement sur la qualité de notre raisonnement. Il ne faut pas perdre de vue, en effet, que, sans l'avoir dit, peut-être, d'une façon explicite, nous n'envisageons que l'hypothèse présentée par la grande industrie. Nous nous gardons bien de parler des rapports économiques qui peuvent s'établir entre le petit patron, et les quelques ouvriers qui travaillent avec lui. Nous pourrions le faire sans doute, car les conditions de ces rapports sont sujettes à tant de variations, que la conclusion pourrait se dégager dans les mêmes termes. Mais, pour rester sur le terrain de la grande industrie, disons et affirmons, que le maintien du même personnel dans le même atelier, et dans la même situation, est une chose économiquement et matériellement irréalisable. Les accidents, les maladies, la versatilité, les impatiences de toute sorte et la disparition pour cause de décès, sont hélas ! des événements avec lesquels il faut compter. Tout change, tout se modifie, tout se transforme ! C'est la loi de l'humanité ! et il serait bien imprudent de penser que cette loi qui s'applique sans cesse, qui se renouvelle constamment, serait, en quelque sorte, suspendue dans son application, au profit du personnel — heureux personnel ! — d'une usine déterminée. Cela est tellement invraisemblable, qu'il est permis de ne point s'y arrêter ! Mais en supposant même que ce fait soit réalisé, nous ne nous tiendrions point encore pour battus, pour la raison suivante. Il nous semble, en effet, qu'une longue vie en commun, une longue existence consacrée par des efforts communs, une solidarité ainsi prolongée d'intérêts communs, aurait nécessairement pour résultat de créer une solidarité dont nous n'avons point d'exemples, peut-être jusqu'ici. Un tel personnel, entourant le même patron, finirait par considérer comme un devoir, la défense d'un patrimoine qui serait pour ainsi dire devenu le leur ; il comprendrait qu'il a en mains un instrument si avantageux, que son intérêt bien entendu, l'obligerait à ne pas le briser, sous prétexte d'une légère diminution de bénéfices.

Malheureusement, cette hypothèse ne peut pas être envisagée d'une façon sérieuse, et il est plus sûr de s'en tenir aux données de la pratique et plus certain de rester sur le terrain des événements que réalise la loi naturelle. C'est pour cette raison que l'objection que nous venons d'examiner ne doit pas retenir notre attention au point de vue du principe à établir. Le jour où le législateur interviendra dans le sens que nous indiquons, la question de réglementation pratique se posera, et la solution définitive surgira d'une formule qu'on trouvera sans trop de peine.

Pour en finir, il nous reste un point à envisager ; nous voulons parler du rôle que pourra jouer l'action de travail remise à l'ouvrier, par rapport aux conditions économiques dans lesquelles il se trouvera alors vis-à-vis de lui-même et vis-à-vis de sa famille.

En supposant même que ce titre soit immobilisé entre les mains de l'ouvrier, les avantages qu'il présenterait ne seraient point négligeables. Mais il en est d'autres qui mériteraient d'être indiqués ; il en est un surtout auquel nous voulons nous attacher.

Dans l'état actuel de l'ordre social, on peut prétendre que l'ouvrier rangé et économe qui sait s'imposer les sacrifices nécessaires, peut vivre du produit de son salaire. Il vivra sans luxe, mais il vivra ; ce qui se passe autour de nous démontre la réalisation quotidienne de ce miracle. Aujourd'hui, on se préoccupe surtout, — et on a raison de le faire — de la situation de l'ouvrier qui, après avoir travaillé pendant vingt-cinq ou trente ans, parvient aux confins de l'âge mûr. On redoute pour lui les atteintes de la vieillesse qui l'empêchent de gagner sa vie, et on a le souci de lui assurer un sort honorable pour le temps où il sera hors d'état de travailler. La conception des mutualités trouve là son principe, et le législateur tend à réaliser la création d'une caisse pour les retraites ouvrières.

La France, sans doute, est un pays généreux que les injustices révoltent, même les injustices du hasard ; elle est riche, et elle songe qu'elle pourra toujours trouver en elle-même des ressources pour établir à beaux deniers comptants, un régime d'équité à l'égard de tous ; elle pense que l'ordre public et son renom sont également intéressés à ne pas laisser dans la misère les vieux ouvriers qui ont contribué à la prospérité générale, elle estime enfin qu'elle doit prélever sur son budget des sommes suffisantes pour reconnaître les services rendus.

Un snob dirait que le geste est beau ; un juste dira plutôt que la pensée est aussi élevée qu'elle est équitable ; si elle devient d'un ordre pratique et si elle s'applique à chercher les ressources nécessaires, là où elles se trouvent en réalité, elle désarmera toutes les oppositions que le parti pris n'aveugle pas.

Dans l'exécution de cette idée généreuse, l'action de travail peut, suivant nous, jouer un rôle important, en devenant, aux mains de l'ouvrier, un instrument de crédit qui fait défaut jusqu'à présent.

On conviendra sans peine que ce titre constituerait un important avantage à l'ouvrier, en lui procurant une rémunération légitime dont il n'a jamais profité. La participation aux bénéfices, rétablissant l'équilibre entre le travail et le capital, créerait au profit de l'ouvrier une source de revenus qui le mettrait à l'abri de la précarité qui est son lot ordinaire ; elle mettrait fin à l'enrichissement exclusif du capitaliste, et deviendrait le moyen d'assurer au patron et à l'ouvrier le bien-être commun.

Pour atteindre ce but essentiellement désirable, il ne serait pas nécessaire de laisser entre les mains de l'ouvrier sa part entière de participation, et il serait à désirer que le législateur décidât d'en distraire quelque chose, pour constituer à chaque titulaire d'action de travail, un fonds d'assurance pour l'avenir. Aux branches assurances-vie, assurances-incendie, viendrait s'ajouter la branche assurance-travail, qui imposerait à l'ouvrier une certaine épargne pour la vieillesse.

Sa dignité ne perdrait rien à ce que lui-même, lui seul, dans de nouvelles conditions économiques plus équitables, constituât sa caisse personnelle de retraite. Sans doute, on pourra se récrier et dire qu'une telle réglementation est une atteinte au droit de propriété, qu'il serait inique d'empêcher l'ouvrier de toucher tout ce à quoi il a droit ! Qu'importe ! — La question se pose de savoir s'il n'est pas préférable de donner législativement à l'ouvrier l'éducation de l'exercice de la propriété, et s'il ne vaut pas mieux, au risque même d'encourir une censure de forme, de défendre cet ouvrier contre lui-même et contre les entraînements qu'il subirait, par suite de la transformation proposée. En tout cas, nous n'envisageons actuellement qu'un acte de prévoyance, et l'on n'est jamais coupable de rechercher la meilleure solution.

Le prélèvement à opérer sur la participation de l'ouvrier, pourrait servir de base aux multiples combinaisons offertes par les assurances. Tel, qui au bout de vingt années de travail, survivrait au contrat, toucherait soit un capital, soit une rente jusqu'à son décès ; tel autre, qui aurait été frappé par la mort, aurait la consolation, avant de disparaître, de penser que sa famille pourrait immédiatement recevoir les arrérages d'un capital, ou bien ce capital lui-même. La vieillesse ou la mort serait ainsi assurées contre la misère, et si, d'une part, on consulte les barèmes des compagnies d'assurances, et si on suppute les sommes correspondant aux primes à verser annuellement, on se persuade aisément qu'il ne faudrait plus parler d'assurance contre la misère, et qu'il faut envisager, au contraire, une assurance de bien-être relatif.

L'action de travail jouerait, de la sorte, le rôle d'instrument de crédit dont nous ne voulons qu'indiquer une des modalités. Le prélèvement-prime d'assurance, opéré sur le montant de la participation, n'absorberait point la totalité de celle-ci, et le surplus se prêterait à d'autres combinaisons au profit de l'ouvrier ; mais il serait nécessaire que celui-ci, comme nous le disions plus haut, eut la possibilité d'exercer un contrôle sur les comptes annuels de l'entreprise à laquelle il serait attaché.

Ce principe du contrôle annuel est, nous ne nous le dissimulons pas, l'un des éléments du fonctionnement de la participation, le plus difficile à faire accepter par le capital. Nous en sommes encore à ce point, dans l'ordre économique, que le patron considère que son industrie constitue ce qu'il appelle : *son affaire !* A cet égard, sa conception est purement exclusive, et le saint respect des modalités de l'exercice du droit de propriété est ancré profondément dans nos esprits, en dépit de son caractère pseudo-féodal. Il nous paraît, cependant, malgré l'énormité apparente de la proposition, que l'entreprise n'est pas *l'affaire* exclusive de l'entrepreneur, et qu'elle est également l'affaire de tous ceux qui y coopèrent.

Si ce principe est faux, nous confessons notre erreur ; s'il est vrai, nous avons le droit d'en tirer les conséquences, et l'une de ces conséquences est le droit pour tous les intéressés d'exercer un contrôle effectif sur les comptes établis. L'homme, il est vrai, est ainsi fait, qu'il professe secrètement l'horreur du contrôle de ses actes ; il manifeste, à ce point de vue, une susceptibilité qu'il convient de ménager, et il serait tout à fait maladroit de prétendre que le patron devra, en tout état de cause, subir de la part de son ouvrier, un contrôle qui pourrait devenir vexatoire. Le patron qui aurait de justes raisons de s'en plaindre aurait toujours le loisir de cesser son industrie, tout au moins en cas de perte d'une partie de son capital.

Mais on peut concevoir un contrôle à la fois juste et raisonnable, et il suffirait d'en déterminer les règles d'application. Ce contrôle pourrait, par exemple, s'exercer en fin d'exercice et être confié à une sorte de commission désignée d'accord entre le patron et les ouvriers. Si cet accord ne se faisait pas, et en cas de contestation, il serait possible d'en référer au président du tribunal qui désignerait un expert qui rendrait compte à ce magistrat, et qui fournirait à celui-ci les éléments d'une décision entourée des garanties suffisantes. Quelques mécontentements persisteraient peut-être, quelques esprits soupçonneux, que rien ne peut éclairer, ne se déclareraient point satisfaits, mais on s'efforcerait, avec une égale bonne foi de part et d'autre, de convaincre les plus incrédules, et les irréductibles auraient le loisir de dénoncer leur contrat de travail, de se déposséder de leur action et d'aller chercher fortune ailleurs. Le temps, qui deviendrait un maître économiste, ferait son œuvre, et le tassement s'opérerait au plus grand avantage de tous, au travers des heurts inévitables.

Certes, nous n'avons pas la prétention de résoudre, par les quelques pages de cette courte étude, le problème qui se pose au sujet des relations du travail et du capital ; il serait même excessif de notre part, de prétendre indiquer une voie nouvelle capable de conduire à cette solution si complexe. Il nous semble seulement, que la question est arrivée à son point aigu, à son tournant décisif, suivant une expression à la mode, et qu'il est permis à chacun d'exprimer son idée dans le sens de la conciliation.

De toutes parts s'élèvent des revendications qui reposent sur des principes dont la légitimité s'affirme chaque jour davantage. On commence à se rendre compte que le capital a trop reçu, et que le travail a été trop sacrifié. La lutte devient de plus en plus ardente, et la transaction s'affirme comme de plus en plus nécessaire. Il est indispensable qu'on arrive à composition pour éviter les catastrophes. Disons le mot : depuis l'institution de la grande industrie, le capital a bénéficié d'un privilège, qui doit subir le sort de tous les privilèges et qui doit céder au principe d'égalité. C'est là une règle, qui est plus qu'une loi de démocratie, c'est une règle humanitaire, insoucieuse des régimes politiques que domine l'évolution économique. Qu'on le veuille ou qu'on ne le veuille pas, qu'on s'en rende compte, ou qu'on ferme les yeux pour ne pas voir clair, elle se présente avec un caractère inéluctable. Le mieux donc, est d'en tenir compte, de l'accepter, d'aller au devant d'elle, de la précéder même dans certains cas. Il est des forces auxquelles il est inutile et, par conséquent, maladroit de résister ; la raison et l'intérêt bien compris commandent de ne pas s'y opposer, mais, au contraire, de les utiliser, parce qu'une force, quand elle n'est pas un appoint, se transforme aisément en élément de destruction.

FERNAND ROME.

La Rochelle, Imprimerie Nouvelle Noël Texier.